www.tredition.de

Mein Dank gilt allen meinen Kunden,
die es mir ermöglichen,
diese tolle Arbeit zu machen.

**Thomas Borchert**

# Die Goldene 7 der Ordnung

**Das Lesebuch**

www.tredition.de

Umschlaggestaltung: Monika Seif, Hamburg
Bildrechte Coverfoto © Eiskönig - Fotolia.com
Satz, Korrektorat: Corinna Podlech, Hamburg

Verlag: tredition GmbH, Hamburg
ISBN: 978-3-8495-5020-2
Printed in Germany

# Inhaltsverzeichnis

# Vorwort

„Warum diese Geschichten?" fragen Sie.

Ganz ehrlich, weil es mir Spaß macht, über meine Arbeit zu schreiben und es Ihnen vielleicht dadurch ein wenig leichter wird, sich mit dem Thema Ordnung oder Unordnung auseinanderzusetzen. Viele meiner Kunden denken nämlich, dass sie alleine mit diesem Thema sind.

Meine These: Unordnung ist heutzutage fast normal!

Denn in der heutigen Gesellschaft wird man mit Informationen und Material so zugesch(m)issen, dass man schon nach kurzer Zeit kaum noch drüber schauen kann.

Ich möchte Ihnen also die große Last nehmen, dass Sie glauben, Sie sind nicht normal, wenn einmal Unordnung in die Unterlagen gekommen ist, dass Sie glauben, Sie sind vielleicht ein Messie oder knapp davor.

Nein, das sind Sie ganz bestimmt nicht und meine Kunden sind es auch nicht. Das Leben gerät manchmal einfach aus den Fugen, macht, was es will, ohne uns zu fragen. Es setzt uns kräftig zu.

Vielleicht sind Sie ja gerade jetzt in so einer Phase, wo nix mehr geht oder kurz davor.

Unklug, ja fast selbstzerstörerisch, wäre es in diesem Fall nur, nichts dagegen zu tun, es weiter schleifen zu lassen und mit den Worten „Schaffe ich ja doch nicht!" leise weinend abzusaufen.

Vielleicht ist gerade jetzt der Moment bei Ihnen gekommen, an dem Sie sich fragen:

➢ Brauche ich Hilfe?

➢ Wann ist der richtige Zeitpunkt, Hilfe anzunehmen?

➢ Geht es vielen Menschen so wie mir?

Wenn Sie sich diese Fragen stellen, dann sind Sie hier richtig! Lesen Sie meine Geschichten von Menschen, die sich diese Fragen auch gestellt haben und sich auf den Weg gemacht haben, wieder Ordnung in die Unterlagen und letztendlich auch wieder Ordnung in ihr Leben zu bringen.

Niemand, den ich auf meinem Weg als Papiersortierer getroffen habe, war glücklich mit der Situation!

Niemand!

Meine Einladung an Sie: Schneiden Sie sich durch die Auseinandersetzung mit dem Thema Ordnung ein dickes Stück Glück und Freiheit vom Kuchen ab.

Es würde mich sehr freuen, wenn ich Ihnen durch meine Geschichten helfe, das Thema Ordnung anzugehen.

Ihr Papiersortierer Thomas Borchert

# Wie alles begann!

Ein Freund von mir hatte seit langer Zeit ein Papierproblem. Häufiger war ich bei ihm zu Besuch und fühlte mich eher unwohl bei dem Anblick der Papierstapel auf den Ablagen in der Küche. Auch auf dem Boden, auch auf dem Tisch, auch … eigentlich überall. Papier, Papier, Papier. Prospekte, Kontoauszüge, Broschüren, wichtige Dokumente dazwischen, auch gerne einmal eine 10 Jahre alte Zeitschrift. Als geduldiger Mann machte ich ihm mehrere Hilfsangebote über Jahre hinweg. Aber der Mann blieb standhaft, an seine Papierstapel kam ich nicht ran, trotz gutem Zureden, freundlichem Druck, unfreundlichem Druck, ziemlich unfreundlichem Druck. Der vierteljährliche Anruf des Steuerberaters trieb ihm zwar mitunter die Schweißperlen auf die Stirn, nach stundenlangem Suchen war der Beleg dann doch gefunden, meistens jedenfalls.

„Ich weiß ja, wo alles liegt", hör ich immer gerne.

Also, für ihn war eigentlich alles in Ordnung! Oder?

Nein, denn plötzlich stand eine große Veränderung an.

Und wie so häufig war der Ausschlag für seine Umkehr – eine Frau!!! Natürlich!

Da kann ich selbst als guter Freund nicht mithalten, mir fehlen da zwei bis drei Dinge.

Er traf sich wohl seit längerer Zeit mit einer netten Frau und war schon häufiger bei ihr zu Besuch. Es kam wie es kommen musste, an einem sehr schönen Tag gingen die beiden Hübschen im Park spazieren und kamen dann doch wohl eher zufällig in der Nähe seiner Wohnung vorbei. Bisher hatte er sich um die Einladung immer gedrückt, jetzt kam er nicht mehr drumrum.

Sie quengelte und quengelte. Ein „Grade mal nicht aufgeräumt" oder „Ich hatte keine Zeit zum Aufräumen" oder „Sieht jetzt grade mal nicht ganz so gut aus" half nicht mehr, und es waren aufgrund dessen, was es gleich zu sehen gab, ziemlich dürftige Erklärungsversuche. Mit weichen Knien ging es die Treppen hoch, mit zitternden Händen die Tür aufgeschlossen …

… die Tür ging dann ganz langsam auf und, nun ja, wie soll ich es beschreiben?!

Wie viele Arten von ENTSETZEN es gibt und wie hoch das ENTSETZEN anhand einer Skala von 1 – 10 einzuschätzen war, liegt natürlich im Bereich der Spekulation. Aber meiner Einschätzung nach, da ich den Zustand der Wohnung kannte und auch die Mengen von Papier nicht so ganz unerheblich waren, lag das wohl eher im Bereich zwischen 9 und 10. Ziemlich dicht an die 10 herankommend. Und da lag ich wohl nicht ganz so verkehrt, wie mir nachher glaubhaft übermittelt wurde.

Alle Flächen in der Küche mit Papier bedeckt, obwohl bedeckt hier der falsche Ausdruck ist, überlagert träfe es besser, im Wohn-/Schlafraum eine freie Schneise zum Bett und zum Schreibtisch.

Die Dame drehte sich wohl recht unvermittelt um mit den Worten:

„ICH, HIER, NEIN DANKE!!!"

Oder so ähnlich waren ihre Worte und sie ging aus der Wohnung.

Mein Freund blieb etwas deprimiert zurück, und dachte nach und dachte nach und dachte nach und dann tat er etwas sehr Schlaues:

Er griff zum Telefon und rief mich an!

Ich war natürlich etwas überrascht von dem Wandel meines Freundes, erkannte aber sofort, dass etwas Außergewöhnliches passiert sein musste, … und richtig, aber das kennen Sie ja schon.

Eile war geboten, um meinen Freund aus dem Dilemma zu befreien!!!

Auf dem Weg zu ihm krempelte ich schon mal die Ärmel hoch, um sofort in die Aktion zu gehen!

… aber es kam dann doch alles anders …

Mein Freund war also bereit, sich helfen zu lassen, wenn auch mit der Unterstützung der jungen Dame. Yes! Da will ich mal nicht sooo genau sein.

Ich freute mich sehr für ihn, doch dann wurde unsere Freundschaft auf eine harte Probe gestellt.

Ich kam also mit hochgekrempelten Ärmeln bei ihm an, doch statt großer freudestrahlender Augen mit Tränen des Glücks gefüllt, erwartete mich ein eher deprimierter Freund. Auch ich war allerdings plötzlich angesichts der bevorstehenden Arbeit etwas angeschlagen und musste erst einmal kräftig Luft holen.

„Wo sollen wir denn jetzt nur anfangen?", war seine Frage und auch ich stand etwas ratlos vor dem ganzen Dilemma.

Meine Frage, wo er denn denke, dass etwas Wichtiges in den ganzen Stapeln sei, konnte er nur unzureichend, eigentlich gar nicht, beantworten.

Kurz entschlossen bin ich dann einfach (das ist natürlich leicht gesagt) in die Aktion gegangen. Denn in bestimmten Situationen ist es unwichtig, wo angefangen wird, vielmehr ist wichtig, dass überhaupt angefangen wird. Das hat sich eigentlich bei solchen Mengen bis heute bewährt. Es kommt doch alles dran, ob nun etwas später oder früher, ist völlig egal.

Wir nahmen uns nun den ERSTEN Stapel vor und es ging los!!!

Was soll ich sagen, es ging los – nicht wirklich!

Schon bei dem ersten Artikel einer Frankfurter Zeitung über den Hunsrückwanderweg (kommentiert von ihm: „Ach, DA ist der!"), der mittlerweile 12 Jahre alt war, kamen bei ihm Bedenken. „Ja, nein, nee, den brauche ich noch, vielleicht wandere ich noch mal dort und dann habe ich den nicht mehr." Noch freundlich, verwies ich auf das Internet und die grandiosen Möglichkeiten des World Wide Web, vergebens, der Artikel blieb. Der nächste Artikel vergilbt, an den Seiten abgeblättert, tja … blieb. Und so ging es dann weiter, 3 Belegexemplare ein und derselben Zeitung, eines zerknittert, eines in schlechtem und eines in gutem Zustand, ALLE wurden behalten. Ich gestehe, ich rauchte damals noch und ging die vielen Treppen herunter (5 Stockwerke) und versuchte, mich zu beruhigen. 2 Tage und unzählige Zigaretten später, richtig viel war noch nicht weg, versuchte ich mir bei den ganzen Treppenstufen klar zu machen, dass in diesem Fall Zigaretten rauchen sogar gesund sei.

Treppauf, treppab, 5 Stockwerke, immer nur Zigaretten rauchen, ohne dass etwas passierte, keine Entscheidung, alles wollte er behalten, nichts wegwerfen, ich war am Ende und dann kam die Wende!!!

Ich wurde deutlich!!!

Nicht nur, dass er meine Freundschaft aufs Spiel setzte, sondern auch die Liebe zu einer tollen Frau würde er zerstören, wenn es hier nicht langsam voran ginge und die einmalige Chance würde er vergeben, aus einem Chaos sondergleichen herauszukommen. Meine Frage, ob er das denn so schön hier fände, konnte er nur kleinlaut mit „NEIN" beantworten.

Durchaus ultimativ bekam er mein letztes Hilfeangebot und ich ging noch mal die 5 Stockwerke runter und wartete. So richtig lange dauerte es nicht und er kam hinter mir her. Wir setzten uns auf die Treppenstufen, ich schaute ihn an: „Ja oder nein?", war meine Frage. „Wenn ja, dann so, wie ich denke, dass es richtig ist!"

Viele Möglichkeiten hatte er ja nicht. Ein kaum hörbares „Ja, gut" ließ mich aufspringen: „Na dann los!!!"

Meine kurze, deutliche, unmissverständliche, durchaus etwas laut vorgetragene Ansprache brachte also die Wende. Wir gingen nach oben und ackerten, was das Zeug hielt. Der Bann war gebrochen, plötzlich ging es, eine reale Abschätzung, was wirklich notwendig und was unnötiger Ballast ist, war plötzlich da. Stapel für Stapel für Stapel gingen wir durch, ich sortierte meistens vor, dann wurde kurz nachgeschaut, ob das so alles in Ordnung war und dann ging es ab zur Papiertonne. Ich hatte meinen Muskelkater schon vom Treppensteigen, jetzt war er dran.

Plastiktüten voller Papier, dutzende Male gefüllt mit alten Papieren, unbrauchbaren Zeitungen, doppelten und dreifachen Belegexemplaren wanderten Richtung Tonne, der richtige Platz für all dies.

Natürlich blieb auch einiges übrig. Wir kauften ein Regal, Ordner, Stehsammler, erst mal ohne chronologische Sortierung, weil das wegen der unglaublichen Menge überhaupt nicht möglich war. Dann stand das Regal, dadurch hatten wir die Chance, in die Sortierung zu gehen. Harte, erfolgreiche Tage!!! Und jetzt packte auch ihn die Leidenschaft und ich spürte plötzlich eine Frische, die ich noch nie bei ihm gesehen hatte. Er lebte mehr und mehr auf.

Das ist auch genau der Effekt, den ich heute immer wieder bei Menschen spüre. Wenn der Mensch plötzlich merkt, dass jemand da ist, der unterstützt, dass jemand da ist, der den Prozess begleitet, dann geht es. Ich weiß nicht, wie viele Tüten wir rausgeschleppt haben, aber es war eine riesige Menge.

Nach einigen Tagen waren wir dann endlich fertig!!!

Das war echt ein harter Brocken!!!

Als wir dann Sonntag um 22.00 Uhr mit dem Staubsauger durch das leere Zimmer gingen, konnte ich es selbst kaum glauben, aber wir hatten es geschafft. Mein Freund strahlte, rief seine Süße an, wir gingen gemeinsam essen – ALLES GUT!

Noch nie habe ich das Surren eines Staubsaugers als etwas Schöneres empfunden als an diesem Tag, schon fast wie Musik hörte es sich an.

Kaum zu glauben, aber hier ist mir zum ersten Mal der Gedanke zu meiner Selbstständigkeit gekommen. Obwohl es manchmal mehr als nervig war, hat mir das Ergebnis sehr, sehr gut gefallen.

Ja, noch heute spüre ich es ganz, ganz tief.

Ja, ich liebe es, Chaos zu beseitigen und Ordnung herzustellen. Ja, ja, ja!

# 7 Geschichten von Privatpersonen

## Umzug in ein kleineres Haus

Der Umzug einer vierköpfigen Familie stand bevor und ich sollte helfen. Die Besonderheit hier war, dass das neu erbaute Haus, in das nun umgezogen wurde, von der Fläche her viel kleiner war. Darüber hinaus, besonders speziell, kein Keller! Und wer selbst einen Keller hat, weiß, was da so an Sachen herumliegt, die man immer noch mal gebrauchen könnte.

Wir haben uns so geeinigt, dass ich abwechselnd mal in dem einen Zimmer, mal in dem anderen Zimmer sortiere, je nachdem, wo es gerade sinnvoll war, zeitlich und personell passte. Denn gerade war eine kleine Tochter auf die Welt gekommen und da kann ich natürlich nicht überall im Haus herumturnen, wenn die Kleine z.B. gefüttert wird. Also immer gerade dorthin springen, wo Arbeit ist und ich niemanden störe. Das war doch nicht immer leicht, aber Arbeit gab es genug.

Wie überall bei meinen Aufträgen, gab es hier natürlich auch ein „viel zu viel" von allem und jedem. Teilweise veraltete Sachen, Kleidungsstücke, die man noch mal im Garten anziehen kann. Oh je, so viele Gärten kann kein Mensch je besitzen! Aber so ist das halt! Es ist keine Zeit da, das Tagesgeschäft läuft, die Tochter schreit, ein pubertierender

Sohn, nun ja, und sich die Zeit zu nehmen, JETZT aufzuräumen, das macht dann doch keiner! Irgendwann will man ja mal auch mal seine Ruhe haben. So isses!

Wie immer habe ich dann diesmal die Dinge, die ich für wichtig hielt, aussortiert und die unwichtigen alle auf einen GROSSEN Stapel gelegt. Aber dann passierte etwas, was ich so noch nicht erlebt hatte:

Von dem Stapel, den ich für wichtig erachtet hatte, flogen noch einmal 80 Prozent in die Tonne: Weg, weg, weg! So oft wie hier habe ich das Wort WEG nie mehr gehört!

Na, das war ja mal ein schönes Ergebnis und Erlebnis!!!

Viele Dinge, die bisher mitgeschleppt, mitgeschleppt und nochmals mitgeschleppt wurden, flogen jetzt in den Müll – als „völlig befreiend" haben die neuen Hausbesitzer das Gefühl beschrieben – YES!

**Wir schleppen immer viel zu viel im Leben mit herum, häufig manifestiert sich das in Dingen, die wir horten und die bei uns herumliegen. Wenn wir uns davon lösen können, geben wir uns so die Möglichkeit, einen Entwicklungsschritt zu tun, der uns Freiheit schenkt.**

## Waschkörbe voll Papier

Zu Anfang meiner Selbstständigkeit hatte mich eine Dame schon mal angesprochen, sie käme vermutlich auf mich zu.

Einige Zeit verging und der Anruf kam: „Herr Borchert, ich habe hier schon alles 3-mal durchgeschaut, ich finde etwas nicht, was sehr wichtig ist und was ich jetzt dringend brauche."

Das sind MEINE Aufgaben! Da ist natürlich mein Ehrgeiz geweckt! Also sagte ich zu und machte einen Termin aus.

Der komplette Hausstand war schon durchsortiert, ein Umzug nach NRW stand bevor, aber die Papiere …!

Für mich stellte sich die Situation wie folgt dar: 3 komplett volle Waschkörbe mit Papierkram.

Telefon- und Stromrechnungen der letzten Jahre, Kassenzettel vom Supermarkt über Lebensmittel, Urkunden, Briefwechsel, Prospekte Damenbekleidung, Gebrauchsanweisungen von Geräten, die noch existieren, Gebrauchsanweisungen von Geräten, die schon lange nicht mehr existieren, alte Zeitungen, Zeitungsausschnitte und, und, und, das Übliche, was sich so ansammelt.

Ich sprach mit ihr noch kurz darüber, worauf ich besonders achten soll und welche Wertigkeit bestimmte Dinge für sie hatten, die ich bei der groben Durchsicht herausgefischt hatte, und dann ging es los.

„Machen Sie, Herr Borchert, rufen Sie mich, wenn Sie fertig sind."

Und ich fing an! Nach 2 Stunden ein lautes „Huurraaaaa" von mir.

Die Urkunde war gefunden, sie hatte sich zwischen Prospekten der Sommer- und Winterkollektion eines Versandhauses aus einem längst vergangenem Jahr versteckt – vergebens.

Der Papiersortierer findet ALLES, o.k., fast alles.

Glückliche Augen strahlten mich an.

Die übrig gebliebenen Unterlagen habe ich in schöne, neue Ordner abgeheftet und sie in die bereitstehenden Kisten gelegt.

Jetzt konnte es losgehen nach NRW, wohl sortiert im schönen Hamburg!

**Manchmal verstecken sich Sachen vor uns und möchten uns zum Narren halten, aber wir finden sie, meistens jedenfalls.**

## Hilfe für eine Familie

In den letzten Osterferien rief mich eine Mutter an, dass ihr Mann mit den Kindern weg sei und sie sich Hilfe im Haushalt leisten wolle, um mal wieder alles auf Vordermann zu bringen. Gesagt, getan!

Beim Rundgang durch das Haus war ich wieder mal überrascht, mit welchem Weitblick doch manche Menschen ausgestattet sind. Es gab in jeden Zimmer kleinere, ich nenne sie mal Unordnungsnester, hier lag was rum, da lag was rum, nicht wirklich schlimm, aber ich kenne das, wenn man in so einem Zustand nicht aufpasst, kann das sehr schnell in Chaos umschlagen.

Wir sortierten das gesamte Haus an 5 Vormittagen komplett zügig durch, einschließlich Keller und den Papieren.

Angefangen haben wir auf dem Familienschreibtisch, relatives Durcheinander fand ich da vor, wie immer, keine Zeit und als erstes fällt die Ordnung unter den Tisch, fast sprichwörtlich. Zwar war der Keller mit leeren Regalen vorhanden, aber alles stand auf dem Boden. Das machte es mir leicht, gut geordnet kam vieles davon in die Regale und einiges wanderte in die Tonne.

Das Kinderzimmer haben wir in einem Zuge etwas umgebaut, sodass die lieben Kleinen mehr

Platz hatten. Ich schlug hier eine Ordnung vor, die mir vernünftig erschien, wir diskutierten das dann gemeinschaftlich und nahmen noch einige kleine Veränderungen vor, um zu optimieren. Ansonsten wurde der ganze Hausstand etwas ausgedünnt.

Den Kindern wurden die Spielzeuge hingelegt, die kaputt waren und die, mit denen sie nicht mehr spielten, sie konnten entscheiden, mit welchen sie noch spielen wollten.

Ich habe später gehört, dass das bei den Kindern relativ zügig ging.

Bei den Großen wie bei den Kleinen! Den Eltern ging es da auch nicht besser! Mutti trennte sich von ein paar Sachen und auch der Ehemann blieb nicht verschont. Insgesamt wurde eine richtige Familienaktion daraus.

Schön, wenn Ordnung Menschen näher zusammenbringt.

**Hilfe kann manchmal so hilfreich sein.**

## Noch eine Familie in Not

Die Eltern waren mit ihren 3 Kindern kürzlich in ein neu erbautes Einfamilienhaus umgezogen. Schon in der alten Wohnung gab es einen Karton, in dem der ganze Papierkram landete. Die Luft wurde jetzt aber etwas eng, weil einige Handwerker die Zahlung ihrer Rechnung monierten.

Dazu passierte das Übliche, was immer so passiert, wenn es eng wird: Kinder krank, beide Elternteile berufstätig, das Haus noch nicht fertig, dazu regnete es durch und so weiter. Der normale Wahnsinn halt! Aber leider ist in dem Stress der Papierkram nicht weniger geworden. Nachdem der zweite Karton fast voll mit Papierkram war, kam der Anruf bei mir. Meine Aufgabe war es nun, alles in Ordnung zu bringen, Vorsortierung, Beratschlagen und Absprache mit der Ehefrau, was wohin sortiert werden sollte, Kinderordner wurden angelegt, Kontoauszüge zusammengefasst, alle Rechnungen der Handwerker in einen Ordner. Das ging zügig, da sie entscheidungsfreudig war und sehr genau wusste, was sie wollte. Drei Termine vormittags, und alles war sortiert. Sie rief noch einmal ein paar Wochen später an. Wir wiederholten das Ganze und dann war es gut!

Eine Aussage von ihr, die ich immer gerne zitiere: „Wissen Sie, Herr Borchert, nie ist Zeit für den Papierkram, immer ist was anderes, aber wenn Sie kommen, weiß ich, jetzt wird sortiert."

Richtig! Ich spreche hier sehr gerne von einem Zeitfenster nur für die Ordnung.

**Wenn der Borchert kommt, wird sortiert, dafür isser ja da! Richtig!**

Dieser Auftrag war ein typisches Beispiel für ein System, das kurzfristig aus den Fugen geraten ist und in einer normalen Lebensphase sofort wieder funktioniert, wenn jemand da ist, der in einem begrenzten Rahmen Unterstützung gibt.

Sie rief mich noch einmal an und berichtete, dass alles wieder in Ordnung sei.

Das wäre auch ein Ratschlag von mir:

Wenn man spürt, dass die Dinge langsam aus den Fugen geraten, schnell anrufen, meist ist das genau der richtige Zeitpunkt, an dem eine zügige Hilfe funktioniert.

**Ein Zeitfenster für Ordnung ist Gold wert! Entdecken Sie den Schatz!**

## Eine alte Dame mit Krankenkassen-Problemen!

Letzte Woche hat mich eine mir bekannte Ärztin angesprochen, die über meine Hilfestellungen nicht genau informiert war, ob ich auch in Abrechnungen für die Beihilfe und Krankenversicherung firm bin.

Als Versicherungskaufmann, der mal im Leistungsbereich für eine Krankenkasse gearbeitet hat, geht mir natürlich die Sortierung und Abrechnung von Belegen leicht von der Hand. Da ich zudem fit in Excel bin, rechne ich in solchen Fällen die Erstattung halbwegs aus und kann anhand meiner gefertigten Liste immer sehr genau überprüfen, was, wie und warum erstattet oder nicht erstattet wurde. Meistens kläre ich dann noch mit den Sachbearbeitern im Beisein meiner Kunden, warum manche Dinge nur zum Teil, gar nicht oder wie auch immer erstattet wurden.

So ging ich zu der Dame und war nach Aufrechnung aller Dinge, es war auch eine stationäre Behandlung dabei, doch relativ erstaunt, dass sich ein Erstattungsbetrag von mehreren 10.000 € ergab, oha, Handlungsbedarf und zwar „zz", ziemlich zügig! Die Dame gab dann auch zu, dass sie es hat schleifen lassen und nun relativ blank sei. Ich bin in den Kopiershop geflitzt, habe schon mal die Beihilfe und Krankenkasse vorab informiert, dass sie die

Sache vorziehen und die Briefumschläge direkt in den Postkasten geworfen. Es war auch ziemlich dringend, da die Fristen für die Einreichung von Belegen kurz vor dem Ablauf standen, unangenehm, wenn das Geld in so einem Fall einfach nur verbrannt wird.

So etwas darf nicht sein!

Ich merkte, dass die alte Dame noch etwas auf dem Herzen hatte, ja, die Steuer müsste noch gemacht werden. Das darf ich natürlich nicht, aber ich habe ihr dann schnell alle Belege zusammensortiert und ein weiterer Umschlag, diesmal für den Steuerberater, wanderte flugs in den Briefkasten.

Nach ein paar Tagen hatte ich dann die Beihilfe und Krankenkasse angerufen und nachgefragt, ja, die Belege sind in Arbeit und das Geld wird recht bald auf dem Konto der Dame sein.

So konnte ich dann auch ruhig schlafen.

**Unordnung kostet Unmengen an Geld!**

## Ein Container, ein Container

Anfang der Woche wurde ein riesiger Container bei meiner Kundin mit einem kompletten Hausstand angeliefert. Der Vater von ihr war verstorben. Alle Kisten wurden ausgepackt, jedes Teil angeschaut, teilweise taxiert, entschieden, ob es noch gebraucht wird, in den Müll oder zur Verwertung kommt, dann weggebracht, direkt zur Verwertung bzw. zu einer Sozialstation, teilweise Sachen für den Flohmarkt aussortiert und gute Möbel bzw. wertvollere Dinge zum Verkauf bzw. zur Versteigerung bereit gestellt. Dazu waren einige Dinge innerhalb des Hauses umzuorganisieren.

Und so ging es jeden Tag mit Kartons bewaffnet treppauf, treppab, und raten Sie mal … jawooohl treppauf und treppab!

Es ist zwar anstrengend, auspacken, einpacken, schleppen, hoch und runter die Treppen, doch es macht auch Spaß. Immer wieder das schöne Gefühl, Ordnung zu schaffen, auszusortieren und wieder neu mit anderen Ordnungsbegriffen zusammensetzen. Insbesondere, wenn die Person, für die ich arbeite, so bei der Sache ist.

Da macht die Arbeit so richtig Spaß!!!

Wenn ich spüre, dass jemand anfängt, zackig mit mir zu arbeiten, fühle ich, dass ich am richtigen

Platz bin. Es ist natürlich keineswegs so, dass ich sage: ALLES WEG! Nein, nein, überhaupt nicht. Wir diskutieren bei bestimmten Dingen, mal hat die eine, mal hat der andere Recht. Trotzdem waren natürlich eine Menge Sachen da, die zu nichts mehr Nutze waren, die wanderten in den bereitgestellten Müllcontainer.

Schwierig ist es immer, alles abzuschließen, d.h. nichts übrig zu lassen. Aber auch das ging diesmal leicht. Das noch, das noch und das auch noch, Besen in die Hand, alles sauber machen und fertig. Warum liegt das denn noch hier rum, weg damit. Das kann noch in den Schrank und alles ist gut.

Fast schien es so, als würde der letzte Transport nicht klappen, weil ein Termin falsch eingetragen wurde, aber nach gutem Zureden kam dann der Transporteur noch, alles auf den Wagen und tschüss.

Eine grandiose Arbeitswoche!

**Viele Dinge, die uns wichtig erscheinen, verlieren oft auf den zweiten Blick deutlich an Relevanz.**

## Die Businessfrau

Eine meiner Deutschlandtouren führte mich wieder mal nach Köln. Dort habe ich immer bei Freunden eine Übernachtungsmöglichkeit. Als ich mich also Richtung Köln aufmachte, klingelte mein Handy, eine Dame aus Düsseldorf fragte an, ob ich ihr bei den privaten Belegen helfen könne. Natürlich sagte ich zu. Wir verabredeten uns in Köln und kurz vor dem Treffen klingelte mein Handy, ob ich ihr tragen helfen könne. Selbstverständlich.

Da stand sie nun mit Koffern und Taschen – alles voller Belege! Die komplette Palette: Versicherungsverträge, Rente, jede Menge EC-Abrechnungen von Schuhen, Kleidungstücken bis hin zu Lebensmittelabrechnungen. Leere Ordner, volle Ordner, halbvolle Ordner, deren Inhalt auf Versuche, eine Ordnung herzustellen, hindeutete.

Die Auflösung gab es dann schnell: Die Dame war für einen großen Konzern dauernd in den Staaten unterwegs, sodass natürlich, wenn sie denn mal daheim war, wenig, oder sagen wir mal gar keine, Lust bestand, sich über Papierkram herzumachen – verständlich.

Aber dafür bin ich ja da!

Eine nette Begebenheit erzählte sie mir von einem Flughafen in den USA. Sie saß dort in einem

Café im Flughafen und sah einem Mann zu, der in seinen Papieren blätterte, er wurde nervöser und nervöser, verzweifelter und verzweifelter. Plötzlich schaute er sie an und sagte zu ihr: „Wissen Sie, was ich hier mache? Meine tolle Reisekostenabrechnung. Und wissen Sie noch was? Ich sch… drauf!". Sprach´s, warf die Zettel in die Luft, und das waren ziemlich viele, bezahlte und ging einfach. Betretenes Schweigen im Café.

Soweit sollte es natürlich mit meiner Kundin nicht kommen, ich strengte mich also ziemlich an und fand auch ein System für sie, mit dem sie gut umgehen konnte. In unserem letzten Telefonat erzählte sie mir dann ganz glücklich, dass es noch immer funktioniert.

So etwas freut mich dann immer ganz besonders.

**Gut ist, wenn wir uns ein System schaffen, in das alle Informationen und Papiere einfließen können.**

# 7 Geschichten rund um die Ordnung

## Wie entsteht Unordnung und Chaos?

Häufig werde ich ja von Menschen angerufen, die keine Lust mehr haben, nach Dingen zu suchen, die von einem vollen Schreibtisch abgenervt sind, deren Erklärsysteme zusammengebrochen sind und die einfach nur Hilfe in einer kurzfristigen Chaossituation brauchen.

Schon von Anfang an hat mich interessiert, wie es überhaupt zu so einem Zustand kommt.

Die Gründe sind vielfältig und haben nichts mit „keine Lust" oder so etwas zu tun. Es verstecken sich dort vielfach Schicksalsschläge und Krankheiten.

Insbesondere bei älteren Menschen ist der letzte Krieg immer noch präsent und aus dem gefühlten Mangel heraus ist es ihnen bis heute fast unmöglich, Dinge wegzuwerfen.

Durch Schicksalsschläge, wie z.B. Tod eines Partners, können die Dinge, die der/die Verstorbene turnusgemäß bearbeitet hat, nicht mehr erledigt werden. So wird in der älteren Generation vielfach immer noch die klassische Rollenverteilung gelebt. Stirbt nun ein Partner oder wird krank, können plötzlich entweder der Papierkram oder Dinge im Haushalt nicht mehr gemacht werden.

Bei etwas jüngeren Menschen ist das „nicht NEIN sagen können" häufig ein Problem.

So hatte ich eine Kundin, die von allen ihren Freundinnen immer abgelegte Sachen bekommen hat, weil sie nicht wirklich viel Geld hatte. So weit, so gut, so nett.

Allerdings hatte die Dame dann den Zeitpunkt verpasst, oder sich nicht getraut – eigentlich beides – zu sagen: „Ich habe alles, vielen Dank". Die Wohnung wurde voller und voller. Die Freundinnen brachten alles, was sie nicht mehr gebrauchen konnten zu ihr und dachten, sie würden ein gutes Werk tun. Die Wohnung war nachher fast unbewohnbar.

Kleiner Tipp von mir:

Wenn Sie jemandem etwas schenken wollen, ruhig 2-mal fragen, ob er oder sie es gebrauchen kann. Menschen fällt es meist ziemlich schwer, NEIN zu sagen, weil sie denken, der andere ist sauer, wenn sie die Dinge ablehnen.

Des Weiteren können immer wieder Krankheiten (fehlgeschlagene Operationen, z.B. Entzündungen nach OPs) oder kurzfristige psychische Instabilitäten zu Unordnung führen und den Menschen aus der Bahn werfen.

Oder Überforderung. So hatte ich einmal eine Familie im Umzug, das Haus nicht fertig geworden, Mängel am Haus, 2 Kinder, davon natürlich beide krank, Vater und Mutter beide berufstätig, JA, da kann man schon mal den Überblick verlieren.

In vielen Fällen hilft dann wirklich eine kurzfristige Unterstützung und die Kunden kommen nach einiger Zeit wieder zurecht und übernehmen die Arbeiten wieder selber.

**Wir müssen im Außen Ordnung schaffen, damit wir im Inneren unseren Frieden bekommen.**

## Ausreden, Ausreden, Ausreden

Bevor es losgeht und Ordnung gemacht werden soll, gibt es sie, die Ausreden! Vermutlich kennen Sie auch einige davon.

➢ Ich muss dringend das Klo putzen. *(Zack, und das war's dann mit dem Aufräumen für heute.)*

➢ Gerne genommen: Für mich kein Problem!

➢ Auch: Mach ich, wenn ich Zeit habe!

➢ Die Kombination: Für mich kein Problem, im Moment keine Zeit, morgen steht es auf dem Plan!

➢ Super ehrlich: Da habe ich einfach keine Lust zu!

➢ Schockierend *(vor einem Müllhaufen in einer Wohnung)*: So schlimm ist das doch gar nicht!

➢ Noch schockierender: Solange hier keine Tiere rumlaufen, kann es ja gar nicht so schlimm sein!

➢ Die Superlative: Ich bin der König im Chaos!

➢ Noch besser: Ich finde immer alles!

➢ Grandios: Zuerst soll mein Mann Ordnung machen!

Ihre Ausrede?

Besser als alle Ausreden ist ANFANGEN!!!

**Leicht ist es immer, die Schuld den anderen zu-
zuweisen, jedoch wir selbst haben Verantwor-
tung für uns und unser Leben.**

## Aller Anfang ist schwer

Die Frage aller Fragen: Wo zum Teufel soll ich nur anfangen???

Dieser Frage nähern wir uns ganz vorsichtig:

Denn, dass man sich überhaupt aufrafft und sich gegen die Unordnung wehrt, ist ein großer Schritt!

Da kann ich dann immer wieder zu meinen Klienten sagen: Respekt, dass Sie sich jetzt damit auseinandersetzen möchten! Denn es ist nicht leicht, den Karren aus dem Dreck zu ziehen, wenn er denn erst einmal drinsteckt. Und es erfordert viel Mut, sich dem zu stellen.

Wenn ich jetzt bei dem Beispiel mit dem Karren bleibe, ist es logischerweise schon gut, wenn einer zieht und ein anderer schiebt. Es macht immer mehr Spaß, zusammen zu arbeiten und der Frust, wenn es nicht nach vorne geht, ist nicht so groß. Und mit der einen oder anderen flapsigen Bemerkung kann ich dann schnell die Brisanz aus der Situation nehmen, um wieder in eine vernünftige Arbeitssituation zu kommen.

Deshalb würde ich auch abraten, es alleine zu versuchen, denn in der Regel haben meine Klienten schon mehrere Versuche gestartet und sind nicht so richtig weiter gekommen und alleine wird dann schon mal ganz gerne die sogenannte Flinte in das besagte Korn geworfen.

Ein weiterer, nicht unerheblicher Punkt ist die Auseinandersetzung, z.B. mit den Dingen aus dem Haushalt. Wenn ich als unbeteiligter Mensch mir die Sachen anschaue, bin ich überhaupt nicht mit der Familiengeschichte belastet. Meine Entscheidungen basieren, in den meisten Fällen jedenfalls, auf der logischen und nicht auf der emotionalen Komponente. Das hilft deutlich.

Gedankengänge wie: Die kaputte Vase meiner verstorbenen Mutter kann ich nicht wegwerfen, da sie mir das nicht verzeihen würde, sind durchaus üblich, ich verweise dann ganz gerne auf eine intakte Vase, die man ja sogar noch gebrauchen kann und aus der das Wasser nicht gerade durch einen Sprung ausläuft. Meistens habe ich dann auch Erfolg mit dieser oder einer ähnlich guten Argumentation.

**Wir tun uns sehr schwer, den ersten Schritt zu machen, weil wir uns vor der Anstrengung fürchten und an die vielen Schritte denken, die folgen.**

**Den Fokus sollten wir immer auf diesen ersten Schritt legen und nur an ihn denken, das hilft sehr.**

## Über den Kampf zurück ins Spiel

Einer jener schrecklichen Montage ... schlechte Laune ... eher unbegründet ... das ist das Schlimmste, wenn man doch einen Grund hätte, nein, kein Grund!!! Das macht es nicht besser und schon gar nicht einfacher!

Ich merke jetzt schon, dass der Tag Herausforderungen an mich stellt und ich fühle mich ziemlich überfordert von Entscheidungen und Dingen, die heute zu erledigen sind!

Der Versuch zu telefonieren endet im Nichts. Mein Internet streikt, keine Ahnung warum. Das hat es noch nie gemacht!!! Ich kriege 2 Stunden keine Mails abgerufen. Das hebt die Laune nicht wirklich!!! Als ich tief in mir weine, kommt die Stimme eines Fußballreporters in meine Erinnerung:

Die Mannschaft kam über den Kampf zurück ins Spiel!!!

Hey, das ist die Lösung! Ich schüttle mich, springe in die Küche, hau mir mein Müsli rein und setze mich an den Schreibtisch: Nichts passiert!!!

Ich schaue meinen Router an, der blöd rumblinkt. So blinkt der nie! Alter Trick der hoch bezahlten Profis – Stecker raus – 2 Minuten warten – Stecker rein – und funktioniert!

Manchmal kann Leben sooo einfach sein!

Meine neue Webseite steht auf dem Plan, eine Kombination aus Webseite und Blog, Texte – fallen mir nicht ein.

Dann doch noch was Positives, eine Kundin ruft an und vereinbart noch einen Termin für morgen. Geht doch, denke ich mir.

Die Texte erweisen sich dann doch als nicht so ganz einfach, weil mir die Gesamtstruktur der neuen Seite noch nicht klar ist. Aber was hilft es? Nix! Da muss ich noch mal drüber nachdenken!

Pause! Frische Luft! Super Wetter in Hamburg! Kalt, aber Sonne!

Ich gönne mir was und schenke mir eine Stunde Freizeit!

Gut, dass ich das gemacht habe, das bringt noch mal mehr Energie und plötzlich läuft es dann, 3 – 4 Anrufe, ein Foto bestellt für eine Anzeige, Texte für die neue Seite noch mal durchgegangen und dann hab ich ihn, den Tag, YES, ab jetzt geht alles wie von selber und wie geschmiert! Natürlich weiß ich nicht so recht, warum es dann plötzlich läuft, wo vorher doch so gar nichts ging.

Was mir hilft, wenn gar nichts geht, ist, dass ich den Wust an Arbeit in Minischritte zerlege und mir dann bei jedem Teilchen denke: JETZT NUR DAS, den Rest irgendwann. Und eh ich mich versehe, habe ich einen Großteil der Arbeit erledigt, so war es denn auch heute.

Ich denke, man hat es schon auch selber in der Hand, aus dem Tag etwas zu machen. Auch wenn es gar nicht läuft, solche Tage kennen wir alle, müssen wir versuchen, den Tag für uns zu gewinnen, sonst ist er einfach nur weg!

**Wenn wir konzentriert an die Einzelschritte gehen, hat der große Berg, der uns Angst machen will, keine Chance!**

## Gewohnheiten

Jo, … Gewohnheiten! Wenn ich früher an Gewohnheiten gedacht habe, habe ich eine Gänsehaut bekommen!

Spießig, muffig, nervig, wenn jemand zu einem gewissen Zeitpunkt etwas gemacht hat und sich dann auch damit brüstete: „Das mache ich immer zu der Zeit, das ist prima und so vergesse ich es wenigstens nicht."

Für mich waren die Menschen unten durch und abgestempelt als Konservative, ja, ich sage es einfach mal, Armleuchter, von denen ich mich besser fernhalte.

Doch wenn man mal eine Meinung hat, heißt es ja nicht, dass man sie für immer behalten muss. Ich halte mich da immer noch für ziemlich lernfähig.

Also habe ich über das Thema nachgedacht, hilft ja.

Nun gibt es ja gute und schlechte Gewohnheiten.

Eine schlechte Gewohnheit, die ich früher hatte, war, meinen Haustürschlüssel irgendwo hinzulegen, wenn ich nach Hause kam. Das gipfelte dann, wenn ich das Haus verlassen wollte, in wüsten Schimpftiraden: Ich beschimpfte den Schlüssel, der unauffindbar war und sich nicht zeigte, wenn ich ihn brauchte.

DU BLÖDER, BÖSER SCHLÜSSEL! Das war noch sehr freundlich!

Nachdem ich viele Straßenbahnen verpasst hatte, Freunde auf mich vergeblich gewartet hatten und ich sogar schon einen Schlüssel nachmachen musste, weil er einfach nur noch weg war, stellte ich mein Verhalten um.

Das funktionierte zwar nicht sofort, aber die Lösung war einfach, praktisch, umsonst und 100%ig sicher!!!

Ich hatte eins von diesen Schlüsselbändern geschenkt bekommen, machte meinen Schlüssel dran und wenn ich ins Haus kam, hängte ich den Schlüssel sofort über die Türklinke. Tja, und so mache ich es bis heute!

Wenn ich nach Hause komme, noch bevor ich den Mantel oder die Jacke ausziehe oder sonst etwas mache, erst den Schlüssel über die Klinke.

Ein Problem, um das ich mich nicht mehr kümmern muss.

Natürlich muss ich dazu sagen, dass das nicht von jetzt auf gleich ging, es hat eine Zeit gedauert, bis ich mich daran GEWÖHNT hatte, den Schlüssel direkt auf die Klinke zu hängen.

Ich glaube, dass durch Schusseligkeit, Unachtsamkeit und mangelnde Klarheit viel, viel Zeit,

Geld und Energie verloren gehen, die wir für andere Dinge in unserem Leben dringend brauchen!!!
Gerade in der heutigen Zeit!

Auch ich versuche, mein Leben immer mehr zu
optimieren – und es geht immer noch was!

Und ich freue mich immer wieder, wenn ich etwas, das mich stört, in eine Routine mit eingebunden bekomme.

**Wir müssen uns sensibel für unsere lieb gewon-
nenen Gewohnheiten machen. Sind sie alle gut
und bringen uns weiter?**

## Das Grauen

Tja, da sitze ich in meinem Büro, überlege und überlege und so richtig habe ich zu nichts Lust. Mein Blick schweift durch den Raum und da sehe ich ihn!

Ja, es gibt ihn noch, den treuen Begleiter, der immer schweigt, obwohl er jede Menge zu schlucken bekommt. Nie müde, immer wieder neue Sachen in sich aufzunehmen, ohne zu klagen. Und selbst, wenn man glaubt, es geht nichts mehr, ein wenig stibbeln, ein wenig schütteln und siehe da, dann geht doch noch was.

Treu und brav!

Nun könnte man glauben, dass man es ihm dankt, aber nein! Er führt ein einsames Leben, achtlos, in einer Ecke des Zimmers, meist wird er sogar in einen Schrank ein- und weggeschlossen, damit man ihn nicht sieht.

Er verkörpert DAS GRAUEN!!!

Menschen machen große Bögen um ihn, nur ab und zu: *Schrank auf, Maul auf, gestopft, Maul schnell wieder zu, Schrank zu,* denn das Grauen und das Elend sind definitiv nur bei geschlossener Tür zu ertragen.

So geht es ein Jahr, immer im Dunkeln, kein Spaß, keine Freude!

Und dann, einmal im Jahr, aber wirklich nur einmal im Jahr, kommt er an das Licht!

Manche Menschen nehmen dann allen Mut zusammen. Atmen 3-mal tief ein und aus. Öffnen den Schrank.

Mit spitzen Fingern holen sie ihn raus:

Den Schuhkarton!

Vollgestopft über ein ganzes Jahr mit allem an Rechnungen, was reingeht. Ja, es gibt ihn noch! Letzte Woche habe ich wieder einen bekommen.

Ich liebe es ja, fliegende Blätter – wunderbar. Und so schlimm ist ja gar nicht, sorry, o.k., für mich.

Übermorgen wird er wieder abgeholt. Natürlich leer. Und dann kommt er wieder in den Schrank: Für ein Jahr.

**Wir müssen uns angewöhnen, Dinge direkt anzugehen. Das fällt nicht immer leicht, aber es ist genau der Weg, unsere Seele zu entlasten.**

## Flohmarkt oder Mülltonne

Wenn ein Auftrag langsam zu Ende geht, stellt sich immer die große Preisfrage: Was machen wir mit den Sachen, die wir selber nicht mehr benutzen wollen?

Eine ziemlich wichtige Frage!

Flohmarkt? eBay? Soziale Unternehmen? Mülltonne?

Ich habe da ja eine klare Ansicht: Wenn man es für sich vertreten kann, soll man die Sachen an ein soziales Unternehmen abgeben oder wegwerfen. Das kostet am wenigsten Zeit.

Ich bin kein Freund von eBay, das ist mir alles zu nervig, Pakete packen, zur Post bringen, mich mit den Leuten auseinandersetzen. Nee! Aber wem das Spaß macht und wer die Zeit hat, gerne.

Ich glaube, dass der Wert der Sachen, die man im Keller oder auf dem Boden hat, überschätzt wird. Zu dieser Fehleinschätzung trägt das Fernsehen natürlich auch mit einschlägigen Sendungen bei, aber man darf nicht vergessen, dass normalerweise ein Trödler auch bezahlt werden muss, der die Sachen zu Experten bringt, dort schätzen lässt, Fahrtkosten hat, die bei der Endabrechnung einer Fernsehsendung, wenn dann die Hunderter oder sogar Tausender auf den Tisch gelegt werden, nicht auftauchen.

Und Flohmarkt?

Für mich ist es ähnlich wie eBay. Wem es Spaß macht, wer es als Event betrachtet, gerne.

Aber sich hier den großen Gewinn zu erhoffen – eher zweifelhaft! In der Regel kommt das raus, was die Standgebühren gekostet haben. Mit viel Glück „eine" Pizza für alle. Früh aufgestanden, evtl. nass geworden, Sachen übrig behalten, die doch weggeworfen werden müssen oder neu eingelagert werden, für mich nicht wirklich akzeptabel – aber wem es Spaß macht, sehr gerne.

Häufig ist es so, dass die Kartons für den Flohmarkt dann doch wieder Monate und Jahre in der Garage herumstehen, also besser:

Direkt an soziale Stellen geben oder, wenn es keinen deutlichen Wert mehr hat …

… einfach WEGWERFEN.

**Viele Dinge, die für uns keine Bedeutung mehr haben, können für andere Menschen sehr wertvoll sein.**

# 7 Geschichten von Geschäftsleuten

## Krankheit von Mitarbeitern

Vor einiger Zeit hat eine Versicherungsagentur bei mir angerufen und mich um meine Mithilfe gebeten.

Eine Mitarbeiterin hatte sich vor einigen Wochen krankgemeldet. Zuerst sah es auch so aus, als ob sie nur einige Tage fehlen würde. In so einem Fall ist es natürlich nicht notwendig, sofort für Ersatz zu sorgen, sondern viele Arbeiten sind dann doch nicht so wichtig und könnten später gut erledigt werden. Auch viele Routinearbeiten kann man schon mal liegen lassen, ohne dass gleich das Chaos ausbricht.

Der Zustand der Mitarbeiterin verschlimmerte sich jedoch durch unglückliche Umstände mehr und mehr, sodass sich die Ausfallzeit um die eine und andere Woche verlängerte. Der Zustand des Büros nahm dann schon dramatische Züge an. Der Geschäftsinhaber musste sich um die Neukunden kümmern und konnte den Ausfall dann irgendwann nicht mehr durch abendliches und nächtliches Arbeiten ausgleichen. Vor allem durch den bevorstehenden Jahreswechsel, der Anlage von neuen Ordnern, Unterlagen zum Jahresabschluss usw. hatte er dringenden Handlungsbedarf.

Mehr durch einen Zufall ist ihm dann in einem Netzwerk mein Profil aufgefallen und er rief mich an. Sofort sagte ich zu.

Meine Hilfe bestand vor allem zuerst darin, die liegen gebliebenen Routinearbeiten zu erledigen. Da ich als gelernter Versicherungskaufmann aus der Branche komme, ging das zügig. Eine Menge Telefonate konnte ich übernehmen und in einem Zug habe ich dann die kompletten Ordner für das neue Jahr angelegt.

Leider hat sich während meines Einsatzes herausgestellt, dass die Mitarbeiterin nicht mehr an ihren Arbeitsplatz zurückkehren wird. Ich habe den Agenturinhaber noch bei der Suche nach einer neuen Mitarbeiterin unterstützt und als wir sie gefunden hatten, war mein Arbeitseinsatz beendet.

Für mich war das ein typisches Beispiel von „unverschuldet in die Krise". Der Unternehmer hat vielleicht ein wenig zu spät gemerkt, dass Hilfe nötig war, aber es ist ja noch mal gut gegangen.

**Manchmal strömen so viele Dinge auf uns ein, dass wir nicht mehr entscheiden können, was gerade jetzt wichtig ist. Es hilft, wenn wir mit anderen Menschen darüber reden und uns austauschen.**

## Personalverschiebungen

Ein kleines Unternehmen mit ehemals 5 Mitarbeitern hatte mich angerufen und um ein Beratungsgespräch gebeten. Es stellte sich heraus, dass eine Mitarbeiterin plötzlich nicht mehr zur Arbeit erschienen war und ein Mitarbeiter längere Zeit ins Krankenhaus musste. Der Geschäftsführer selbst hatte Nachwuchs bekommen. Prinzipiell war also kurzfristig der Personalstand fast halbiert.

Normalerweise warten Menschen meist zu lange, bevor sie sich Hilfe holen. Der Unternehmer bekam es schnell mit Angst zu tun, da er in einer ähnlichen Situation vor 3 Jahren fast sein Unternehmen an die Wand gefahren hatte.

Die Rückstände waren nicht dramatisch, aber dann doch so viel, dass man es nicht MAL EBEN machen konnte.

„Mal eben“, mal eben eingefügt, dauert meist mehrere Stunden, Sie erinnern sich bestimmt an Ihr letztes „Mal eben!“, wie heißt es doch immer so schön: Stunden später …

Meine Aufgabe bestand nun darin, alle Ablagen zügig zu sortieren, Ordner neu anzulegen und diverse Excellisten zu ergänzen.

Meine Arbeitsweise kurz erklärt:

Prinzipiell gehe ich immer so vor, dass ich mir die Dinge anschaue und mit dem Kunden bespreche, welche Prioritäten er setzt. Danach sortiere ich vor und ziehe den Kunden nach kurzer Zeit hinzu, um mit ihm abzuklären, ob ich in seinem Sinne arbeite. Erst wenn er sein o.k. gibt, lege ich richtig los.

Als ich später Aktenordner zur Altablage in den Keller brachte, traf mich der Schlag. Ein einziges, großes Durcheinander. Das sind ja meine liebsten Aufgaben, aus einem grandiosen Chaos wieder etwas machen, wo man schnell auf Informationen zugreifen kann.

Bestimmte Bereiche habe ich neu zusammen sortiert und sie so in bessere Sinnzusammenhänge gebracht. Nun ist ein schneller Zugriff auf alle Akten möglich und das lästige „Wo könnte das denn jetzt wieder sein?" fällt ganz einfach weg!

**Manchmal haben wir in unserem menschlichen Keller, also in unserer Seele, Dinge, die uns belasten und die wir mit uns rumschleppen. Auch dort müssen wir uns entlasten, Gespräche führen und Beziehungen klären.**

## Nachlässigkeit und Unlust

Von einem Unternehmer bekam ich den Anruf:

„Bitte kommen Sie vorbei, Herr Borchert, ich kann den ganzen Mist hier nicht mehr sehen!"

Eigentlich sagte er ja „Scheiß", aber so etwas würde ich hier natürlich nie schreiben. Aber jenes Wort sagte mir schon, dass ich es hier mit einem nicht unbedingt papieraffinen Menschen zu tun hatte.

Und richtig!

Mein Kunde war ein Informatiker, der halt am liebsten vor den Computer saß und programmierte und nichts, aber auch rein gar nichts, mit Papierkram zu tun hatte. So sah es dann auch aus. Eine sehr gute Durchmischung von privaten wie auch geschäftlichen Unterlagen, unmöglich, hier etwas zu finden.

Im Laufe des Gespräches stellte sich dann heraus, dass er an der Gestaltung seines Büros nicht so recht mitwirken wollte, kurzum:

Motivation NULL !

Solche Aufträge sind für mich ja eine besondere Herausforderung.

In der Tat lacht da das Herz des Papiersortierers!

Da ein Ablagesystem nicht einmal rudimentär vorhanden war, habe ich alles komplett durchsortiert, was nicht mehr aktuell war, auf einen großen Stapel sortiert und den Rest in Sinnzusammenhänge gebracht.

So war der „ganze Mist" schnell in Ordnern verstaut, die Postfächer leer und alles Unnötige unter „P" wie Papierkorb abgelegt.

Im weiteren Verlauf unserer Zusammenarbeit haben wir dann kurz besprochen, was ich für ihn sonst noch tun kann.

Es gab einen Stapel, der dringend abgearbeitet werden musste. Hier haben wir bei vielen Dingen Hand in Hand gearbeitet, er wusste, was er wollte und ich habe es dann schnell ausgeführt.

Schnell eine Überweisung, schnell die Kündigung einer Versicherung, die er schon lange nicht mehr brauchte. Innerhalb einer angemessenen Zeit war sein Büro komplett wieder in Ordnung.

**Wir müssen uns ganz genau überlegen, was wir wollen. Setzen wir unsere Zeit, die wir zur Verfügung haben, günstig ein oder machen wir Dinge, die wir gar nicht machen wollen und die uns daher viel Zeit und Energie kosten. Wir müssen uns überlegen, ob wir uns von diesen Dingen trennen sollen.**

## Schicksalsschläge

Es gibt sie immer wieder, die Fälle, die mich berühren und mich wissen lassen, dass ich eine wichtige Arbeit leiste.

Über Freunde hörte ich, dass ein Unternehmer ernsthafte Probleme hatte. Die genauen Umstände waren mir bis zur Ankunft in dem Unternehmen noch nicht bekannt.

Es stellt sich heraus, dass der Vater, dem die Firma gehörte, völlig überraschend gestorben war. Er hinterließ eine völlig überforderte Frau, die mit den Papieren nicht Bescheid wusste und sein Sohn, der als Nachfolger aufgebaut werden sollte, war auch nur schlecht in das Geschäft integriert. Das sollte eben in den nächsten Jahren schrittweise passieren.

Was ich vorfand, war ein desolates System und sehr viel Trauer.

An dem, was in der Vergangenheit passiert ist, kann ich natürlich nichts ändern, aber ich sehe in so einem Fall zu, die Menschen in der Gegenwart wieder aktionsfähig zu machen, ihnen Energie zu geben und sie im menschlichen Kontakt wieder ins Tun zu bringen.

Da man nicht immer an allen Ecken auf einmal anfangen kann, beginne ich hier an dem für mich sehr einfachen, für die Beteiligten sehr wichtigen Punkt:

Unordnung beseitigen als Basis für das weitere Vorgehen.

Alles muss in so einem Fall angepackt werden, im geschäftlichen wie auch im privaten Bereich.

Konkret habe ich hier die gesamten privaten Unterlagen in Ordnung gebracht, es gab eine Menge zu tun. Bürokratie ohne Ende, von den Unterlagen für die Lebensversicherung, die gebraucht wurden, bis hin zu den laufenden Vorgängen im geschäftlichen Bereich, bei denen ich in der ersten Zeit auch mitgeholfen habe, bis das Gröbste erledigt war.

Gerade aus diesem Auftrag heraus meine große Bitte:

**Regeln Sie die Nachfolge!**

**Manchmal haut uns das Leben den Boden unter den Füßen weg, macht, was es will, ohne uns zu fragen. In solchen Fällen müssen wir aufpassen und wachsam sein, dass wir selbst keinen Schaden nehmen.**

## Psychische Probleme

Durch Umstände, die ich nicht näher beschreiben möchte, hat einer meiner Kunden die Angst entwickelt, Briefe zu öffnen, folglich Körbe von ungeöffneten Briefen, das Geschäft kurz vor dem AUS. Er hatte auch längere Zeit keine Rechnungen gestellt: Chaos ohne Ende!

In diesem sehr speziellen Fall habe ich durch meine rheinische Art die ganze Situation ziemlich schnell aufgelockert. Zuerst habe ich alle Rechnungen geschrieben, damit der Geldfluss wieder in Gang kam. Prinzipiell arbeite ich zuerst alleine, beziehe später die Menschen mit ein. Das hat den Vorteil, dass ich zuerst einmal den groben Überblick gewinne.

Der nächste Schritt sind dann meine Worte: „Jetzt Sie!" Das hat bisher immer funktioniert und auch diesmal ging es. Ich hatte den Schlüssel in der Zusammenarbeit mit meinem Kunden gefunden.

Nach der Sortierung haben wir eine Liste erstellt, was zu erledigen war und es umgesetzt. Das war eine Menge!

Man schaut dann in den Rachen des bösen Drachen, den man über Jahre selbst gefüttert hat und der droht, einen selbst mit Genuss zu verspeisen.

Was ich grandios finde ist, plötzlich wieder die Kraft bei den Menschen zu spüren, sich dem Kampf mit diesem Drachen zu stellen. So war es auch in diesem Fall. Plötzlich, wenn der Fluss wieder da ist, funktionieren die Dinge, dringende Anrufe werden zügig erledigt.

Außerdem kamen 2 neue Aufträge rein, die zwar noch nicht die Rettung waren, aber die nötige Luft brachten.

Um das ganze System weiter zu stabilisieren, habe ich über eine Zeitarbeitsfirma eine kleine Stelle für die Ehefrau organisiert. Nix Großartiges, aber manchmal ist es nur wichtig, etwas zu tun. Grandioses kann man dann wieder später vollbringen.

Fazit von mir:

Wichtig ist, dass die Menschen wollen! Dabei ist es nicht wichtig, ob sie einen Plan haben oder nicht – manchmal muss man planlos anfangen, der Plan ergibt sich dann aus dem Tun.

**Wir dürfen vor unseren Problemen nicht die Augen verschließen, sondern müssen sie aktiv angehen. Wir müssen versuchen, immer einen Schritt voraus zu sein. So kommen wir nicht in Zugzwang.**

## Projektarbeit

Eine Organisation rief mich an und berichtete, dass umfangreiche Umstrukturierungen geplant seien und man mich gerne für einzelne Bereiche dabei hätte. Die Personaldecke sei zu dünn und es lohne sich nicht, jemand neu anzustellen.

Ich sagte meine Unterstützung zu und mir wurde dann die Aufgabe übertragen, die Kellerräume mit einem neuen Regalsystem auszustatten. Darüber hinaus sollte ich vorliegende Patientenakten neu sortieren.

Bezüglich der Regalsysteme stellte sich zuerst einmal die Frage, wie viele Regale bekomme ich in den Keller, natürlich möglichst viele, außerdem gab es unterschiedliche Zugangsberechtigungen, Personalakten dürfen nicht für alle Mitarbeiter zugänglich sein, ebenso sollte zur Ablage der Buchhaltung nur ein bestimmter Kreis von Personen Zutritt haben.

Ich recherchierte erst einmal im Internet verschiedene Hersteller von Regalsystemen, habe dann Angebote eingeholt und in einer Entscheidungsvorlage zusammengefasst. In dieser Vorlage bin ich insbesondere auf die Kapazität, sprich Anzahl der Regale in Metern und die maximale Anzahl von

Ordnern, eingegangen. Natürlich habe ich die Preise und die Lieferbedingungen gegenübergestellt.

Wir haben uns für ein Regalsystem entschieden, das im mittleren Preissegment zu finden war und den Vorteil einer leichten Montage anpries.

Und das war auch so! Wie schön!

Nachdem die Regale bestellt und aufgestellt waren, ging es daran, die Kundenakten neu zu sortieren.

Erstaunlich ist immer wieder, wie viele Schreiben doppelt und dreifach von meinen Kunden abgeheftet werden und wie wenig wirklich übrig bleibt, wenn alles das aussortiert ist, was nicht für den Aktenverlauf notwendig ist. Häufig werden Kopien mit abgeheftet und machen so die Akten voll.

So ähnlich war es hier auch.

Am Ende meiner Arbeit bespreche ich übrigens immer das Ergebnis und gehe die wichtigen Dinge mit dem Kunden durch, sodass ausgeschlossen ist, dass irgendetwas wegkommt, was nicht weg soll.

**Wir müssen lernen, vorausschauend zu arbeiten und versuchen, Engpässe relativ frühzeitig zu erkennen und sie später im weiteren Verlauf vielleicht zu erfühlen. Wenn wir uns dafür sensibel machen, werden wir viel besser unsere Zukunft planen können.**

## Projektabschluss

Von einem meiner Kunden wusste ich, dass er ein großes Projekt in den Tagen abschließt, und was ich vermutete, trat ein. Er rief an und bat um meine Hilfe. Aus meiner Erfahrung weiß ich, dass zum Ende eines Projektes die Kraft ziemlich nachlässt und man alles, was das Projekt angeht, nicht mehr sehen kann.

Man möchte nur noch fertig werden!

Leider sind aber aus irgendeinem Grund alle Sachen, die knibbelig, nervig und zeitraubend sind, liegen geblieben – aber sie müssen nun doch noch erledigt werden!

Ich vergleiche mich in diesen Situationen mit einem Joker beim Fußball: In den letzten Minuten des Spiels einen Impuls geben, helfen, Energien noch mal freizusetzen und die Sache zu einem guten Abschluss bringen.

Letztendlich ist es immer so, dass der Wust der Dinge, die noch erledigt werden müssen, zu übermächtig erscheint. In so einem Fall ist es natürlich gut, jemanden zu haben, der tatkräftig mit anpackt.

So war es dann auch. Zuerst einmal haben wir das Büro strukturell wieder auf Vordermann gebracht, alles abgeheftet, was auf Stapeln lag, alle Ordner nach wichtigen Dingen durchforstet, unwichtige Dinge aussortiert, unzählige überflüssige Kopien weggeworfen.

Und dann kamen die Zahlen dran:

Alle Rechnungen sind wir noch einmal durchgegangen. Was noch nicht bezahlt war, haben wir freigegeben, die Rechnungen, die fehlten, nachgefordert, Angebote mit Rechnungen verglichen und, und, und.

Nervig, wenn man alleine dran sitzt, kaum zu machen, aber zu zweit findet man eben auch schneller Fehler – Zeit und Nerven sparend ist es auf jeden Fall!!! Und es dauert einfach nicht so lange. Einer liest, der andere kontrolliert. Alleine ist man vor allem bei der Fehlersuche in den eigenen Unterlagen aufgeschmissen, weil man die eigenen Fehler gar nicht mehr sieht.

Nach 3 Tagen hatten wir die Ordner fertiggestellt, die Zahlen haben gestimmt und das Projekt konnte abgeschlossen werden!

**Wir müssen lernen, Energien sinnvoll einzusetzen und versuchen, mit gleicher Intensität zu arbeiten. Das hilft, am Ende energetisch nicht völlig ausgelaugt zu sein.**

# 7 Überlegungen, wie Sie viel Zeit, Geld und Energie sparen und so zu mehr Zufriedenheit kommen!

## Zeitfenster für Ordnung

„Wissen Sie, Herr Borchert, nie ist Zeit für den Papierkram, immer ist was anderes, aber wenn Sie kommen, weiß ich, jetzt wird sortiert."

Richtig! Ich spreche hier sehr gerne von einem Zeitfenster nur für die Ordnung.

Wenn der Herr Borchert kommt, wird sortiert.

➢ **Überlegung:**

Wir werden immer wieder abgelenkt, oder soll ich besser sagen: Wir lassen uns sehr gerne ablenken, wenn wir Dinge erledigen müssen, die uns unangenehm sind.

Wenn Sie mögen, denken Sie einmal darüber nach, sich ein Zeitfenster für Ordnung oder für unangenehme Dinge zu blocken.

BITTE, BITTE nicht mit 4 Stunden anfangen, es sei denn, Sie wollen scheitern.

Stellen Sie sich einen Wecker, ein definiertes Zeitfenster, keine Überforderung (!), z.B. 15 Minuten und dann los. Vielleicht macht es Ihnen ja sogar Spaß, Gas zu geben.

Vermutlich werden Sie es demnächst genießen, sich freie, definierte Zeiten für bestimmte Tätigkeiten zu schaffen. Denn es ist unendlich entspannend, nicht an 1.000 Dinge gleichzeitig denken zu müssen.

**Viel Erfolg damit!**

## Abschlussprobleme

Von einem meiner Kunden wusste ich, dass er ein großes Projekt in den Tagen abschließt, und was ich vermutete, trat ein. Er rief an und bat um meine Hilfe. Aus meiner Erfahrung weiß ich, dass zum Ende eines Projektes die Kraft ziemlich nachlässt und man alles, was das Projekt angeht, nicht mehr sehen kann.

Man möchte nur noch fertig werden!

Leider sind aber aus irgendeinem Grund alle Sachen, die knibbelig, nervig und zeitraubend sind, liegen geblieben – aber sie müssen nun doch noch erledigt werden!

➢ **Überlegung:**

Gerade hier liegt noch einmal viel Potential, seine Nerven zu schonen und Zeit zu sparen, damit natürlich auch Geld!

Auch mir geht am Ende eines Projektes doch deutlich die Kraft aus. Ich rette mich dann mit kleinen Hilfen, einem Motivationszettel „Jetzt das Projekt abschließen" an der Wand, oder aber ich gebe mir das Versprechen, mir nach Abschluss des Projektes etwas zu gönnen.

Eine Möglichkeit ist natürlich auch immer, sich Hilfe zu holen. Sie sollten überlegen, ob es sinnvoll ist, das Geld zu investieren, Nerven schont es auf jeden Fall und es wird einfacher, den Abschluss zu finden.

**Viel Erfolg damit!**

## Minischritte

Was mir hilft, wenn gar nichts geht, ist, dass ich den Wust an Arbeit in Minischritte zerlege und mir dann bei jedem Teilchen denke: JETZT NUR DAS, den Rest irgendwann. Und eh ich mich versehe, habe ich einen Großteil der Arbeiten erledigt, so war es denn auch heute.

Ich denke, man hat es schon selber in der Hand, aus dem Tag etwas zu machen. Auch wenn es gar nicht läuft, solche Tage kennen wir alle, müssen wir versuchen, den Tag für uns zu gewinnen, sonst ist er einfach nur weg!

Wenn wir konzentriert an die Einzelschritte gehen, hat der große Berg, der uns Angst machen will, keine Chance!

### ➢ Überlegung:

Gerade jetzt schreibe ich die letzten Zeilen für das Buch zusammen und da merke ich die Blockaden in mir, die ein paar Zeilen zu einem Berg aufplustern. Und hier mache ich es genau so, wie ich es immer erzähle: Minischritte! Was habe ich schon an fast fertigen Texten? Die kopiere ich, überlege mir eine Struktur. Dann nehme ich mir den nächsten Text, bearbeite ihn und dann den nächsten

Text. So komme ich in ein entspanntes, ruhiges Arbeiten.

Wenn Sie einen Riesenberg vor sich haben, sofort eine Kleinigkeit machen! Damit ist er schon kleiner!

**Viel Erfolg damit!**

## Nachfolge

Es gibt sie immer wieder, die Fälle, die mich berühren und mich wissen lassen, dass ich eine wichtige Arbeit leiste.

Über Freunde hörte ich, dass ein Unternehmer ernsthafte Probleme hatte. Die genauen Umstände waren mir bis zur Ankunft in dem Unternehmen noch nicht bekannt.

Es stellt sich heraus, dass der Vater, dem die Firma gehörte, völlig überraschend gestorben war. Er hinterließ eine völlig überforderte Frau, die mit den Papieren nicht Bescheid wusste und sein Sohn, der als Nachfolger aufgebaut werden sollte, war auch nur schlecht in das Geschäft integriert.

➢ **Überlegung:**

Leider muss ich Sie noch einmal nerven, denn ich weiß, dass sich mit diesem Thema niemand gerne auseinandersetzen möchte. Aber letztendlich werden Sie irgendwann müssen.

Besser jetzt als später ist hier die Devise.

Mit einigen meiner Kunden bin ich jetzt die wichtigen persönlichen und geschäftlichen Dinge durchgegangen und sie waren nachher deutlich erleichtert, sich dem Thema gestellt zu haben. Endlich kein schlechtes Gewissen mehr und die Sicherheit, dass Klarheit für Angehörige und Geschäftspartner da ist. Gehen Sie die Dinge an.

**Viel Erfolg damit!**

## Verlust von Energie und Geld

Ich glaube, dass durch Schusseligkeit, Unachtsamkeit und mangelnde Klarheit viel, viel Zeit, Geld und Energie verloren gehen, die wir für andere Dinge in unserem Leben dringend brauchen!!! Gerade in der heutigen Zeit!

Auch ich versuche, mein Leben immer mehr zu optimieren – und es geht immer noch was!

Und ich freue mich immer wieder, wenn ich etwas, das mich stört, in eine Routine mit eingebunden bekomme.

## ➤ Überlegung:

Ein großer Wunsch von mir, dass Sie einmal überlegen, wo bei Ihnen Potential ist, Abläufe im geschäftlichen oder privaten Bereich zu optimieren.

Sie können so Geld sparen und mehr Zeit für die Familie oder, ja, auch das geht, mehr Zeit für sich selbst haben.

Begleiten Sie sich einmal durch den Tag, nehmen Sie sich einen Schreibblock mit oder speichern Sie die Dinge in Ihrem Handy, die Sie einmal überdenken wollen.

Mit Sicherheit wird einiges auf dem Zettel landen, dass Sie in eine wöchentliche Routine einbinden können – und so weniger Stress haben.

**Viel Erfolg damit!**

## Den richtigen Zeitpunkt finden

Häufig werde ich ja von Menschen angerufen, die keine Lust mehr haben, nach Dingen zu suchen, die von einem vollen Schreibtisch abgenervt sind, deren Erklärsysteme zusammengebrochen sind und die einfach nur Hilfe in einer kurzfristigen Chaossituation brauchen.

In vielen Fällen hilft dann wirklich eine kurzfristige Unterstützung und die Kunden kommen nach einiger Zeit wieder zurecht und übernehmen die Arbeiten wieder selber.

➤ **Überlegung:**

Wenn Sie das Gefühl haben, dass Ihnen die Dinge aus der Hand gleiten, dann bewegen Sie sich vermutlich auf einem schmalen Grad. In so einem Fall rate ich immer dazu, sich kurzfristig Hilfe zu holen.

Meist ist das dann nämlich genau der richtige Zeitpunkt, an dem eine zügige Hilfe funktioniert.

Das gilt übrigens nicht nur für Ordnung, sondern für alle Lebensbereiche.

Sie müssen immer (!) die Person sein, die handelt! Ich weiß, das ist nicht immer leicht, trotzdem:

### Viel Erfolg damit!

## Der Kampf mit dem Drachen

Nach der Sortierung haben wir eine Liste erstellt, was zu erledigen war und es umgesetzt. Das war eine Menge!

Man schaut dann in den Rachen des bösen Drachen, den man über Jahre selbst gefüttert hat und der droht, einen selbst mit Genuss zu verspeisen.

Was ich grandios finde ist, plötzlich wieder die Kraft bei den Menschen zu spüren, sich dem Kampf mit diesem Drachen zu stellen. So war es auch in diesem Fall. Plötzlich, wenn der Fluss wieder da ist, funktionieren die Dinge, dringende Anrufe werden zügig erledigt.

### ➢ Überlegung:

Dies ist nun die letzte Überlegung. Ich kenne die Drachen, die in Wohnungen, in Büros und auf Schreibtischen auf uns warten. Sie machen es uns fast unmöglich, uns mit den wichtigen Dingen des Lebens zu befassen. Sobald wir uns befreien wollen, schnappen sie zu und lassen uns nicht mehr los, lassen uns die wichtigen Dinge nicht mehr machen. Ich selber kenne den Drachen aus nächster Nähe, kenne den unnachgiebigen Biss, der nicht locker lässt.

Und doch: Es geht, in allen Bereichen des Lebens, wenn man sich dem Kampf mit dem Drachen stellt oder ihm gut zuredet oder irgendeine andere Strategie, die Sie für sich finden müssen.

**Viel, viel Erfolg dabei!**
**Es lohnt sich auf jeden Fall!**

# Die Goldene 7

Vermutlich stellen Sie sich jetzt noch die Frage: „Und warum jetzt heißt das Buch: *Die Goldene 7*?"

Na, zuerst einmal, weil die 7 eine Glückszahl ist und weil Glück und Ordnung eng zusammenhängen, so ist jedenfalls meine Erfahrung bei mir und meinen Kunden.

Und die *Goldene*? Weil vielleicht etwas Neues und Tolles entstehen kann, etwas von dem Sie noch gar nicht wissen, dass es überhaupt da ist.

Seien Sie gespannt, was unter oder hinter der Unordnung schlummert, welche Vitalität Sie plötzlich spüren und welche Talente in Ihnen schlummern, die durch die Unordnung verdeckt waren.

Denn wenn aus der Unordnung erst einmal wieder Ordnung geworden ist, kann es nur noch steil bergauf gehen.

Ich wünsche Ihnen viel Spaß auf diesem spannenden Weg!

## Literaturhinweise

… die gibt es bei mir nicht!

Es sind alles Geschichten aus meiner Tätigkeit als Papiersortierer.

Alle Bücher, die es über Ordnung oder Unordnung gibt, sind gut.

Es kommt auf Sie an!

Welches Buch fasziniert Sie, welches Buch spricht Sie an, aus welchem Buch holen Sie sich DEN SATZ, der Sie anspornt, JETZT anzufangen.

Dann ist das auf jeden Fall zu diesem Zeitpunkt genau das richtige Buch für Sie!

# Kurzbiographie

Thomas Borchert wurde im Oktober 1955 in Berlin geboren. Nach seiner Ausbildung zum Versicherungskaufmann arbeitete er mehrere Jahre im erlernten Beruf.

Bevor sich Thomas Borchert im Jahr 2009 selbstständig gemacht hat, war er als Bürofachkraft, Sachbearbeiter und Teamassistenz vielfach in Kleinunternehmen, im Mittelstand und in Großkonzernen mit Erfolg tätig.

Projektbezogen wirkte er unter anderem maßgeblich am Bestandsaufbau, an der Sacherschließung und der Katalogisierung einer privaten Bibliothek mit. Im Rahmen einer Großveranstaltung koordinierte und kontrollierte er Agenturen und Dienstleister. Zudem testete er Software im Hinblick auf Userfreundlichkeit.

Seine große Liebe zur Ordnung entdeckte er, als er einen Freund von Papierbergen befreite.

Von da an war sein Ziel klar:

Papierberge schmelzen lassen, damit seine Kunden mehr Zeit haben und Geld sparen.

# Geschafft!

Meine lieben Freunde,

tja, noch einmal durchlesen, knicken, lochen, abheften und das war's.

Nun, ein bisschen Wehmut ist schon dabei, wenn ich diese Zeilen schreibe.

Im Frühjahr habe ich in meiner Frühstücksgruppe gesessen und in den Raum geworfen: „Ich schreibe dieses Jahr ein Buch!" Jetzt ist es fertig.

Kaum zu glauben, aber das, was ich in diesem Buch geschrieben habe, hat mir auch geholfen. Dranbleiben, weitermachen, nicht wirklich über den Sinn und Unsinn eines Buches nachdenken und schon gar nicht über den Sinn und Unsinn des Lebens, mich dem Drachen stellen und das Buch fertig schreiben.

Das Buch sollte kein Meisterwerk der Literatur werden, ist es wohl auch nicht, aber ich habe es für meine Kunden geschrieben und für Menschen, die wieder Ordnung in ihr Leben bekommen wollen.

Ich würde mich sehr freuen, wenn Sie, ja, vielleicht SIE, den einen Satz in meinem kleinen Büchlein gefunden haben, der es Ihnen ermöglicht, sich zu öffnen, den ersten Schritt zu machen.

Ja, das wäre eine sehr große Freude für mich!

Ihnen alles, alles Gute und eine tolle Zeit!

Ihr Papiersortierer Thomas Borchert

Dezember 2012

**Unterstützung und Hilfe
ist immer der bessere Weg!**

**Sie brauchen Hilfe?**

**Thomas Borchert
ist
Der Papiersortierer**

**Friedensallee 276
22763 Hamburg**

**Tel.: 040 – 853 82 922
Handy: 0163 – 98 04 523**

www.der-papiersortierer.de

Meinen Newsletter finden Sie unter:
www.taeglich-ordnung.de

Meinen Podcast zum Thema Ordnung finden Sie
unter:
www.dasabenteuerleben.de/kanaele/ordnung